Nadeln und Zapfen kennenlernen

1/2 Weißtanne, **3/4** Rotfichte, **5/6** Schwarzkiefer, **7/8** Europäische Lärche

Wolfgang Dreyer

Der Wald

KOSMOS

Zu diesem Buch

Wozu brauchen wir den Wald?
In den Wald gehen heißt aufatmen. Die Vogelstimmen, das zarte Grün, die bunten Farben blühender Pflanzen und die angenehme Kühle – das sind die schönsten Eindrücke, die der Naturfreund an diesem Lebensraum schätzt. Aber der Wald ist mehr als ein Ort der Erholung. Unsere Wälder sind die Quellen der Atemluft, sind Immissionsfilter für Staub und Schwebstoffe, speichern und erneuern unser Trinkwasser und sind artenreiche Lebensräume für Tausende von Pflanzen und Tieren. Außerdem wachsen hier unverzichtbare, natürliche Rohstoffe heran. Unsere Wälder sind ein komplexes Ökosystem, sie sind wahre Lebensinseln inmitten einer intensiv genutzten Kulturlandschaft. Wer sich mit offenen Augen hier die Natur erschließt, bekommt ein neues Gefühl für den Wert des Lebens.

Seit wann gibt es bei uns Wälder?
Vor rund 12000 Jahren zogen sich in Mitteleuropa die letzten Eiszeitgletscher zurück, und Haselsträucher und Birken besiedelten den auftauenden Boden. Von Süden rückten wärmeliebende Baumarten wie Eschen, Linden und Eichen nach. Vor rund 2000 Jahren begann dann eine weitere Baumart ihren großen Siegeszug, die Rotbuche. Nur in den Mittelgebirgen und in den Alpen hielten sich Tannen und Fichten, auf den allzu kargen Sandböden die Kiefern. Unser Land war damals keineswegs von einem undurchdringbaren Laubmischwald bedeckt, sondern ein buntes Landschaftsmosaik aus Feuchtwiesen, Wäldern, Lichtungen, Bachtälern und Hängen mit Einzelbäumen. Die Land- und Forstwirtschaft des 19. Jahrhunderts hat die Waldstruktur grundlegend verändert und viele Laubwälder in ertragreichere, aber auch anfällige Fichtenforste umgewandelt. In der kurzen Spanne der letzten 50 Jahre haben wir es geschafft, den Wäldern mit stickiger Luft und saurem Regen die Luft zu nehmen.

Wie funktioniert der Wald?
Alle Mitglieder eines Ökosystems brauchen einander. Pflanzen können nicht ohne Tiere und Tiere nicht ohne Pflanzen leben. Sie alle stehen in komplizierten Beziehungen zueinander. Die Pflanzen und Bäume betreiben Photosynthese und bauen aus Sonnenlicht, Blattgrün und Kohlendioxid energiereiche Stoffe auf, meist in Form von Zuckern, die sie teilwei-

se selbst wieder verbrauchen. Aber eben nur teilweise. Vom Überschuß leben die Tiere. Sie verbrennen die Energiestoffe im Körper und geben Kohlendioxid und Wasser ab. Stoffe, die Pflanzen wiederum benötigen. So entsteht ein Stoffkreislauf, in den auch wir Menschen bedingungslos eingebunden sind.

Warum gibt es im Wald so viele Tiere?
Das Geheimnis der Lebensvielfalt der Wälder liegt in der Vielfalt der „Planstellen", die den Tieren hier so viele Berufschancen bietet. Da gibt es die **Blattfresser**. Hunderte von Schmetterlingen und Käfern leben als Raupen und Larven vom Blattgrün. Dann leben hier die **Insektenfresser**. Die meisten Vögel ziehen den Nachwuchs mit dem Eiweiß und Fett von Insekten auf. Und im Wald leben **Räuber** wie Habicht, Fuchs und Marder, die Mäuse, Singvögel oder Insekten verwerten, um selbst neues Leben zu schaffen. In der Laubstreu schließlich lebt die wichtigste Tiergruppe, die **Recyclingspezialisten**, die alle Nährstoffe wieder in den Stoffkreislauf zurückführen. Sie zersetzen das Laub, verwerten Aas und zermahlen Holz zu Holzmehl. Zu ihnen gehören Bodenmilben, Regenwürmer, Aaskäfer und vor allem Pilze und Bodenbakterien.
Weil sich nun jede Art auf ihrem Gebiet eine eigene „Marktnische" erobern kann, entstehen in einem Wald viele ökologische Nischen. Den „Beruf" des Blattfressers beispielsweise kann man unterschiedlich ausüben. Als Spezialist für Buchenblätter, als Knospenfresser wie manche Vögel, als Lochstanzer wie eine Rüsselkäferart, oder als Blattwickler wie manche Schmetterlinge. Das schafft Vielfalt von Lebenschancen, und Vielfalt verleiht dem Wald seine ökologische Stabilität.

Wie geht es dem Wald?
Seit 1980 wurden bei Nadelbäumen und Buchen über 60 % geschädigte Exemplare festgestellt. Rund 40 % der Eichen sind bereits geschädigt. Als Ursache wurde mittlerweile wissenschaftlich eindeutig und unzweifelhaft die Summe der Luftschadstoffe nachgewiesen. Die Schadensbilanz wird sich noch weiter verschlimmern.

Hat der Wald eine Chance?
Nur wenn schnell und nachhaltig die Schadstoffbelastung der Luft durch Hausbrand, Industrieabgase und Autoverkehr verringert wird, haben die Restbestände eine Chance zum Überleben. Hinzukommen müssen neue Konzepte in der Forstwirtschaft, auf den richtigen Böden die richtigen Mischwälder mit der Chance zur natürlichen Verjüngung anzupflanzen.

Der Buchenwald

Typisch: Rotbuchen und Sommerlinden bilden mit ihren Ästen „Stockwerke" aus Blattgrün. Grasreicher Unterwuchs, oft mit großen Farnbeständen.
Kennzeichen: Meist sind Buchenwälder dunkle „Hallen" mit mächtigen Buchenstämmen als „Säulen" und einem Dach aus dichtem Blattwerk.
Vorkommen: In Deutschland häufigste Laubwaldform mit einigen Unterschieden in der Zusammensetzung je nach Lage.
Wissenswertes: Eine ausgewachsene Rotbuche produziert am Tag etwa 7000 Liter Sauerstoff – eine Luftmenge, ausreichend für 50 Menschen. Außerdem filtert ein Hektar Rotbuchenwald in einem Jahr etwa 50 Tonnen Staub aus der Luft. Im Buchenwald leben etwa 7000 Tierarten, 5200 davon sind Insekten.

Der Bergwald

Typisch: Wälder an Steilhängen zwischen 1200 und etwa 1900 Metern, je nach Höhenstufe von unterschiedlichen Arten aufgebaut.
Kennzeichen: Bis etwa 1200 m Laubmischwald mit Bergahorn, Eiche und Esche, darüber vorwiegend aus Lärche, Tanne und Fichte. An der Baumgrenze aus Lärche und Zirbelkiefer. Über 2000 m nur einzelne „Wetterbäume“, meist Zirbelkiefern.

Vorkommen: In Deutschland nur in höheren Lagen der Mittelgebirge und der Alpen.
Wissenswertes: Der Bergwald ist eine Art „Baumthermometer“. Da pro 100 Höhenmetern die mittlere Jahrestemperatur etwa um ein halbes Grad abnimmt, zeigt die Höhenzonierung der Waldbäume die jeweilige Widerstandskraft der einzelnen Arten gegen Kälte und Schneelast.

Eichen-Hainbuchenwald

Typisch: Wälder aus Stieleiche, Hainbuche und seltener Rotbuche.
Kennzeichen: Reiche Bodenflora mit Märzenbecher, Maiglöckchen, Großer Sternmiere und Goldnessel.
Vorkommen: Auf lehmigen Böden der Ebenen bis etwa 800 m Höhe. Häufig in Norddeutschland.
Wissenswertes: In Eichen-Hainbuchenwäldern stehen oft mehrere Altersklassen von Bäumen zusammen, da die Eichen mit ihrer Lebenszeit von 400–800 Jahren die Verjüngung der Hainbuchen überleben. Oft ist hier ein reicher Unterwuchs aus Vogelkirschen, Hasel- und Schneeballsträuchern zu finden. Je wärmer die Lage, um so größer wird der Eichenanteil. Reine Eichen-Hainbuchenwälder gibt es noch im Oberelsaß, in Böhmen und in der Gegend um Graz.

Auenwald

Typisch: Wälder mit „dauerhaft nassen Füßen".
Kennzeichen: Begleitwald von Bächen, Flüssen oder Seeufern. Charakterbäume sind Esche, Ulme und Pappel. Manchmal auch als Erlenbruch entwickelt. Sehr schützenswert.
Vorkommen: Oberrheingebiet, häufiger noch in Nord- und Nordwestdeutschland in Flachmooren.
Wissenswertes: Auenwälder sind die Dschungel Mitteleuropas. Das Verschwinden vieler Feuchtwälder durch die Hochwasserregulierungen an Rhein und Donau hat ein großes Artensterben verursacht: Viele Pflanzenarten dieser „Weichauen", wie die Gelbe Schwertlilie und der Bittersüße Nachtschatten, sind deshalb gefährdet, ebenso wie viele Libellenarten, Schmetterlinge, Amphibien und Vögel.

Kiefernwald

Typisch: Karge Sandböden mit lockerem Kieferbewuchs.
Kennzeichen: Charakterbaum ist die Waldkiefer, die Bodenschicht besteht meist aus Heidelbeere, Preiselbeere, Besenheide und zahlreichen Moosen und Flechten.
Vorkommen: Sandböden des Oberrheins, der Mark Brandenburg, des Nürnberger Reichswaldes und des fränkischen Beckens.
Wissenswertes: Die Kiefernwälder wurden früher zur Harzgewinnung genutzt. Da sie nur an trockenen Orten vorkommen (im Sommer brandgefährdet) und mit den Heidekräutern ein reiches Blütenangebot bieten, entwickelte sich hier überall die „Zeidlerei", das Handwerk der Imker. Die Bienen der Kiefernwälder lieferten den Süßstoff des Mittelalters, den Honig und lieferten die Grundlage für die Lebkuchen.

Natürliche Nadelwälder

Typisch: Nadelwälder im Mittelgebirge.
Kennzeichen: Charakterbäume sind Fichte, Weißtanne, Vogelbeere.
Vorkommen: Östliche Mittelgebirge ab etwa 700 m Höhe und höhere Alpenregionen. Im Schwarzwald noch einige natürliche Tannenwälder. Die übrigen Nadelwälder sind künstlich angepflanzt.
Wissenswertes: Nadelbäume können in den Alpen höher hinaufsteigen als die Laubbäume. Ihre kleineren „Blätter", die Nadeln, sind weniger frostempfindlich. Die Wuchsform der Nadelbäume als Pyramide erlaubt es, Schneelasten einfach abrutschen zu lassen. Mittlerweile sind viele Nadelbäume geschädigt, weil saurer Regen die Wachsschicht der Nadeln ablöst und auch die Baumwurzeln angreift. Nachpflanzen meist erfolglos.

Fichtenforste

Typisch: Dichte Nadelwälder in regelmäßiger Anordnung.
Kennzeichen: Charakterbaum ist die Fichte, meist in Reih und Glied gepflanzt. Unterwuchs artenarm.
Vorkommen: Mittlerweile überall, nehmen etwa 60 % der Waldfläche ein.
Wissenswertes: Rund sieben Millionen Hektar Waldfläche der Bundesrepublik sind mittlerweile Wirtschaftswald, zum Großteil aus Fichtenforsten bestehend, da die Fichte als schnellwachsender Baum schneller Holz liefert als ein urwüchsiger Wald. Schädlingskatastrophen in diesen Monokulturen und Windbruch haben jedoch zu einem Umdenken geführt. Heute werden wieder stabilere Mischkulturen aufgebaut. In den Mittelgebirgen sind Fichtenforste häufig schon großflächig geschädigt und werden bald absterben.

Zinnoberroter Pustelpilz

Nectria cinnabarina

Typisch: Rote Pusteln auf Totholz.
Kennzeichen: Stecknadelkopfgroße Pusteln, orange bis feuerrot, überziehen nach Regen meist dünne, abgebrochene Zweige. Vor allem im Winter sehr auffällig.
Vorkommen: Überall in feuchten Wäldern.
Wissenswertes: Diese kleinen birnenförmigen Flecken enthalten die Fruchtkörper von Schlauchpilzen, die sich mit ihren Pilzfäden von verrottendem Holz ernähren. Im Wald gehört der Pilz zu den wichtigen Recyclingspezialisten für Holz. Er schließt den Mikroorganismen die Nährstoffe auf. Ein nah verwandter Pilz verursacht den Krebs der Obstbäume. Befallene Zweige im Garten sollte man stets ausschneiden und verbrennen.

Fliegenpilz

Amanita muscaria

Typisch: Weiße Pusteln auf rotem Hut.
Kennzeichen: Leuchtend roter und runder Schirm von 6–20 cm Durchmesser, unterseits zahlreiche Lamellen, Stiel am Boden mit Knolle.
Vorkommen: Überall häufiger Sommer-/Herbstpilz. Oft in Ringen oder Gruppen stehend.
Wissenswertes: Das Gift des Fliegenpilzes verursacht bei Genuß Störungen des Nervensystems. In Hut und Stiel entwickeln sich häufig kleine Fliegenmaden, die nach neuesten Untersuchungen hier eine Art „Wurmkur" machen. Viele überleben das Pilzgift nicht. Die wenigen Überlebenden sind aber anschließend von einem häufigen Fadenwurm befreit. Die Insekten sind als Essigfliegen an fauligem Obst bekannt.

Stockschwämmchen

Kuehneromyces mutabilis

Typisch: Große Gruppen orangefarbener Pilze mit „Buckel“ in der Hutmitte. Kleine Probe darf nie bitter auf der Zunge schmecken.
Kennzeichen: Oberhaut des Hutes fühlt sich fettig an, die Lamellen sind durch die Sporen kakaobraun.
Vorkommen: Überall häufiger Sommer-/Herbstpilz auf Baumstümpfen von Laubbäumen.

Wissenswertes: Diese eßbare Art wird als Suppenpilz geschätzt, kann aber leicht mit den bitter schmeckenden und ungenießbaren Schwefelköpfen verwechselt werden. Beim Sammeln sollte man nur die Hüte verwenden, die Stiele sind zäh. Der Pilz ist an der Zersetzung abgestorbener Baumstümpfe beteiligt. In Hut und Stiel entwikkeln sich Fliegen.

Stinkmorchel

Phallus impudicus

Typisch: Schon von weitem wahrnehmbarer, aasartiger und penetranter Geruch.
Kennzeichen: Pilz erinnert in Farbe und Form an einen Phallus.
Vorkommen: Überall häufiger Sommer-/Herbstpilz in allen Wäldern.
Wissenswertes: Aus einem runden, schleimigen „Hexenei“ schiebt sich über Nacht ein weißer, poröser Stiel, der am Kopf einen grünlichen Hut trägt. Auf der Klebschicht des Huts sitzen meist Dutzende von metallisch glänzenden Fliegen, die den Schleim abtupfen und so die Pilzsporen verbreiten. Es sind Aasfliegen, die eigentlich ihre Eier an Tieraas legen, aber vom Pilz „geleimt“ werden. Als Gegenleistung bekommen sie lebenswichtige Insektenhormone, die Sterole.

Kartoffelbovist

Scleroderma aurantium

Typisch: Unterscheidungsmerkmal zu Trüffeln: Pilz aufbrechen, das Innere läuft violettschwarz an.
Kennzeichen: Knollenförmige, fast kugelige Fruchtkörper.
Vorkommen: Überall häufiger Sommer-/Herbstpilz in allen Wäldern, vor allem in sandigen Kiefernwäldern.
Wissenswertes: Junge Exemplare bestehen aus einer festen weißen Masse, die kräftig würzig duftet. Deshalb wird der Pilz oft mit den wertvollen Trüffeln verwechselt. Im reifen Zustand füllt sich der Fruchtkörper mit dunkelgrüner Sporenmasse und platzt dann oben auf. Stößt ein Waldtier oder ein Spaziergänger gegen den Pilz, schießen die Sporen wie eine Fontäne heraus und haften im Fell.

Flacher Lackporling

Ganoderma applanatum

Typisch: Handtellergroße „Scheiben" an toten Baumstämmen.
Kennzeichen: Die halbkreisförmigen Fruchtkörper sind oberseits stark gefurcht und tragen Höcker. Unterseits hell.
Vorkommen: Überall an umgestürzten Stämmen oder Stubben von Laubhölzern.
Wissenswertes: Der weltweit verbreitete Porling befällt geschwächte Bäume und ruft die gefürchtete Weißfäule des Laubholzes hervor. Oft sitzen die Fruchtkörper dachziegelartig übereinander – ein sicheres Zeichen, daß der Baum im Absterben ist. Im Innern der Fruchtkörper entwickelt sich eine Reihe von Käferarten. Manche Porlingsarten sind an bestimmte Baumarten gebunden: Häufig ist der Birkenporling.

Schüsselflechte

Parmelia ssp.

Typisch: Flechte mit kleinen „Blättchen".
Kennzeichen: Die blaugrünen Flechten gehören zu der Art *Parmelia caperata,* die grüngelbe zu *Parmelia glabrulata*. Beide an Laubhölzern. In feuchtem Zustand können sich die Farben nach hellgrün verschieben.
Vorkommen: Weit verbreitete Rindenbewohner von Laubhölzern.

Wissenswertes: Diese Flechten leben auf der feuchten Oberfläche von Laubhölzern. Die kleinen Blättchen werden oft von Tieren abgestreift und können zu neuen Flechten austreiben. Die beiden Arten sind weit verbreitet, reagieren aber sehr empfindlich auf Luftverschmutzungen. Häufiges Auftreten kann als Zeichen für saubere Luft angesehen werden.

Graue Baumflechte

Hypogymnia physodes

Typisch: Grüngrau, in viele „Finger" gegliedert. Mit diesen Verzweigungen unverwechselbar.
Kennzeichen: Diese grüngrauen Flechten liegen der Unterlage nicht eng an, die wulstigen Lappen sind vielmehr hochgewölbt. An den Enden der Lappen liegen weißliche Ränder, die Soralen.
Vorkommen: Weit verbreiteter Bewohner von Laubhölzern, Steinen, Holzstubben. Auch an Nadelhölzern.
Wissenswertes: Diese Flechten leben im Gegensatz zu vielen anderen selbst noch an Orten mit hoher Luftbelastung. Die Verbreitung erfolgt durch Wind oder durch Tiere. Bei Berührung fallen die Lappenränder ab und haften im Fell. An anderer Stelle treiben sie neu aus.

Waldbürstenmoos

Polytrichum attenuatum

Typisch: Weiche Moospolster aus „Blattsternchen“.
Kennzeichen: Blaugrünes Polstermoos, oft mit zahlreichen Sporenkapseln, die mit einer faserigen Schutzhaube versehen sind. Bei Berührung feiner Sporenregen aus den Kapseln.
Vorkommen: Weit verbreiteter Bewohner von Laubhölzern und Nadelwäldern, überziehen Steine, Holzstubben und den Waldboden.
Wissenswertes: Moose sind der Wasserspeicher des Waldes und können bis zum Zwanzigfachen ihres Gewichtes speichern. Sie kommen mit sehr wenig Licht aus und gelten als Zeiger für ausgewogenen Säuregrad und Feuchtigkeitsgehalt eines Standortes. Aus den Sporen entstehen wieder grüne Moospflanzen.

Adlerfarn

Pteridium aquilinum

Typisch: Oft mannshohe Pflanze mit dreieckigen und hellgrünen Wedeln.

Kennzeichen: Der größte heimische Farn trägt auf der Unterseite der Fiederblättchen braune Linien von Sporenträgern (Sori).

Vorkommen: Weit verbreiteter Bewohner von Laub- und Kiefernwäldern, häufig auf Waldlichtungen und entlang von Forstwegen.

Wissenswertes: Die Farne sind mit die ältesten Landpflanzen der Erde. Am weitesten waren sie vor 300 Mio. Jahren verbreitet. Die heutigen Arten sind eigentlich nur noch Relikte aus ferner Zeit. Die Farnpflanzen entwickeln sich meist aus einem unterirdischen Wurzelstock, aber auch aus winzigen Sporen in einem komplizierten Fortpflanzungszyklus.

Gemeiner Wurmfarn

Dryopteris filix-mas

Typisch: Einige 50–150 cm lange Wedel bilden einen Trichter.
Kennzeichen: Die Sporenträger (Sporangien) unterseits liegen in rundlichen und dunklen Häufchen. Die Blätter hängen im Bogen über.
Vorkommen: In alten Laubmischwäldern mit guten Humusböden weit verbreitet, vor allem in warmen Eichenwäldern der Mittelgebirge.

Wissenswertes: Der Wurmfarn bildet oft sehr große Bestände im Unterholz. Im Nadelwald ist er nur selten zu finden. Bei Umwandlungen von Laub- zu Wirtschaftswäldern können die Wurzelstökke (Rhizome) noch austreiben und ein Vorkommen im Nadelwald vortäuschen. Die Pflanze wurde als nicht ungefährliches Mittel gegen Bandwürmer verwendet.

Gewöhnlicher Fichtenspargel

Monotropa hypopitys

Typisch: Spargelähnliche, ockerfarbene Pflanze ohne Grün.
Kennzeichen: Aufrechter Stengel mit nickendem oder aufrechtem Blütenstand.
Vorkommen: Meist gruppenweise in Kiefern-, Tannen- und Fichtenwäldern, weniger im Eichenwald. Wächst in Höhen bis 1100 m. Selten.
Wissenswertes: Der Fichtenspargel nimmt zersetzende Substanzen des Waldbodens auf und betreibt keine Photosynthese, weil ihm das Blattgrün fehlt. Dabei unterstützen ihn Pilzgeflechte an den Wurzeln. Die unscheinbaren Blüten werden meist von Hummeln bestäubt. Reife Samenstände stauben bei Berührung, der feine Samenstaub wird im Fell von Waldtieren oder mit dem Wind transportiert.

Busch-Windröschen

Anemone nemorosa

Typisch: Weiße Blütensterne im März und April vor dem Laubaustrieb.
Kennzeichen: Einzelblüten auf einem Sproß, der seitlich handförmige, geteilte Blätter trägt.
Vorkommen: Im Frühjahr sehr häufig in Laub- und Nadelwäldern.
Wissenswertes: Busch-Windröschen blühen, bevor ihnen das Frühlingslaub der Bäume das Licht nimmt. Als Anpassung an diese Lebensweise im kalten Frühjahr speichern sie während des Jahres in Wurzeln und Knollen Reservestoffe, die ihnen die frühe Entwicklung des Sprosses, der Blätter und Blüten ermöglichen. Die Blüten werden von Insekten, meist Hummeln bestäubt. Die Blütenteppiche sind der typische Frühlingsaspekt des Laubwaldes.

Frühlings-Scharbockskraut

Ranunculus ficaria

Typisch: Gelbe Blütensterne im März und April vor dem Laubaustrieb.
Kennzeichen: Herzförmige und glänzende Blätter bilden dichte Polster. Die gelben Blütensterne bestehen aus 8–12 Kronblättchen. Oft mit Busch-Windröschen zusammen.
Vorkommen: Im Frühjahr sehr häufig in feuchten Laubwäldern, im Halbschatten von Hecken und auf feuchten Waldwiesen.
Wissenswertes: Das Scharbockskraut gehört zu den Frühblühern. Reservestoffe in unterirdischen Knollen ermöglichen den Austrieb im kühlen Frühjahr. Das Gelb zieht kleine Käfer an, die den Pollen weitertragen. Früher wurde die Pflanze für Salate genutzt, blühend ist sie jedoch meist ungenießbar.

Waldsauerklee

Oxalis acetosella

Typisch: Dreiblättrige Kleeblätter, oft mit zarten, weißen Blüten.
Kennzeichen: Eine der häufigsten Waldpflanzen. Weiße Blütenblätter mit zarten roten Längsstreifen. Bildet meist große Polster am Waldboden.
Vorkommen: Im Frühjahr sehr häufig an schattigen Stellen von Laub- und Nadelwäldern.

Wissenswertes: Der Sauerklee ist eine typische Schattenpflanze und verändert bei Sonneneinstrahlung bis zum Boden sogar die Blattstellung. Die zarten Blüten werden von Insekten bestäubt, es kommt aber auch Selbstbestäubung vor. Die Samen werden mit einem Schleudermechanismus verbreitet. Daher werden Polster über mehrere Jahre größer.

Waldveilchen

Viola reichenbachiana

Typisch: Klassische Veilchenblüte, aber geruchlos.
Kennzeichen: Kleine Gruppen von herzförmigen Blättern mitten im alten Fallaub, Blüten violett, meist nur 5 – 20 cm hoch.
Vorkommen: Im Frühjahr an halbschattigen Stellen von Laub- und Nadelwäldern.
Wissenswertes: Das Waldveilchen gehört zu den Frühblühern der Wälder und steht besonders auf kalkarmen Böden. Die Blüten werden von Bienen angeflogen und bestäubt. Als Wegweiser für die hilfreichen Insekten zeigen die Blüten dunkelviolette Striche (Saftmale), die den Insekten den Weg zum Nektar weisen. Die Samen besitzen nahrhafte und süße Anhängsel für Ameisen, die die Samen eintragen und so verbreiten.

Wald-Weidenröschen

Epilobium angustifolium

Typisch: Zarte rosa bis violette Blüten, meist große Bestände auf Waldlichtungen.
Kennzeichen: 50 – 150 cm hohe Pflanze mit lanzettlichen Blättern und zahlreichen Blüten.
Vorkommen: Bevorzugt an Wegrändern und auf Kahlschlägen von Laub- und Nadelwäldern.
Wissenswertes: Das Weidenröschen gehört zu den Pionierpflanzen bei der Wiederbesiedlung einer Waldlichtung. Die behaarten Samen werden mit dem Wind verdriftet. Auf dem Kahlschlag beginnt ein Wettlauf der Pflanzen um das Licht, den im ersten Jahr meist das Weidenröschen gewinnt. Später sind andere Keimlinge im Vorteil. Deshalb steht auf Lichtungen oft ein Meer von Weidenröschen.

Waldmeister

Galium odoratum

Typisch: Dichter Teppich von weißen Blüten über „Blattsternen".
Kennzeichen: Die dunkelgrünen lanzettlichen Blattquirle bilden mehrere Stockwerke über dem Boden. Leicht angewelkte Pflanzen riechen würzig nach Kumarin.
Vorkommen: Sehr häufig in krautigen Buchenwäldern.
Wissenswertes: Diese typische Schattenpflanze bildet in Buchenwäldern oft große Bestände aus, die den ganzen Boden bedecken. Im Mai/Juni leuchten die kleinen, weißen Blütensterne weithin und locken kleine Fliegen, Glanzkäfer und Bienen zur Bestäubung an. Der Waldmeister wird wegen seines Aromas in Maibowlen geschätzt, die Pflanzen läßt man dazu antrocknen. Verwendung nicht unbedenklich.

Waldsternmiere

Stellaria nemorum

Typisch: Weiße Blüten mit zweigeteilten Blütenblättern auf langen dünnen, zerbrechlich wirkenden Sprossen.
Kennzeichen: Der behaarte Stengel bricht leicht und welkt sehr rasch nach dem Pflücken. Blüten mit fünf Blütenblättern.
Vorkommen: Sehr häufig in halbschattigen Lagen von feuchten Laub- und Bergwäldern und von Auwaldzonen. Oft reichlich am Waldrand.
Wissenswertes: Die Blütezeit dieser gläsern wirkenden Pflanze erstreckt sich von Mai bis August, da die zahlreichen einzelnen Blüten nacheinander erscheinen. Häufig sind Käfer und Fliegen auf den Blüten zu beobachten, die sich mit dem gelben Blütenstaub über und über einpudern und den Pollen weitertragen.

Walderdbeere

Fragaria vesca

Typisch: Weiße Blüten und rote „Beeren" gleichzeitig.
Kennzeichen: Der behaarte aufrechte Stengel trägt dreizählige Blätter, die unterseits behaart sind. Die weißen Blüten tragen fünf Kelchblätter und in der Mitte einen gelben „Knoten" mit den Pollen- und Samenanlagen.
Vorkommen: Sonnenhungrige Pflanze von warmen Waldlichtungen lichter Nadel- und Laubwälder. Kommt auch im Saum von Hecken und Gebüschen vor.
Wissenswertes: Nach der Blüte von April bis Juli erscheinen rasch die bei Reife roten und schmackhaften Früchte (botanisch sind es „Scheinfrüchte"). In manchen Gegenden besteht heute die Gefahr, sich beim Verzehr einen Fuchsbandwurm einzuhandeln.

Maiglöckchen

Convallaria majalis

Typisch: Weiße Glöckchen mit intensivem Duft, der schon von weitem wahrzunehmen ist.
Kennzeichen: Der Blütenstengel wird von zwei hellgrünen Laubblättern umschlossen.
Vorkommen: In lichten und warmen Laubwäldern bildet das Maiglöckchen oft große Bestände aus. In Schattenlagen blüht die Pflanze oft nicht. Kommt noch recht häufig in Eichen- und Buchenwäldern der Tieflagen vor.
Wissenswertes: Die Glöckchenblüten erscheinen im Mai/Juni und werden häufig von Bienen besucht und bestäubt. Meist verbreiten sich die Maiglöckchen jedoch durch tief wurzelnde Ausläufer. Die Inhaltsstoffe der Pflanze werden als Herzmittel verwendet.

Bärenlauch

Allium ursinum

Typisch: Schon von weitem wahrnehmbarer, intensiver Knoblauchgeruch.
Kennzeichen: Stengel dreikantig mit einem doldigen Blütenstand aus schneeweißen Einzelblüten. Die 6 Blütenblätter lanzettlich und schmal.
Vorkommen: Feuchte und schattige Laubmischwälder.
Wissenswertes: Der Bärenlauch ist ein Zeiger für austretendes Quellwasser oder einen flachliegenden Quellhorizont. Die Blüten erscheinen von April bis Juni und werden häufig von Insekten besucht, die Samen werden vom Wind und von Ameisen verbreitet. Der Bärenlauch bildet meist ausgedehnte Bestände, die weithin zu riechen sind. Wegen des Vitamingehaltes war er früher eine begehrte Heilpflanze.

Vielblättrige Lupine

Lupinus polyphyllus

Typisch: Kerzen aus leuchtend blauen Blüten.
Kennzeichen: Aufrechter, 50 – 150 cm hoher Stengel mit fingerförmigen Blättern. Die Blüten stehen in einer Traube zusammen, verblühen an der Spitze bereits, während sich unten neue öffnen.
Vorkommen: Häufig an Waldwegen und auf Lichtungen. Wird oft auf Lichtungen als Wildfutter und zur Bodenverbesserung angepflanzt.
Wissenswertes: Die aus Nordamerika eingeführte Pflanze hat sich mittlerweile überall verbreitet. Wegen ihrer Fähigkeit, mit Knöllchenbakterien an den Wurzeln Stickstoff zu sammeln und damit den Boden zu verbessern, wird sie gerne als Pflanze vor der Aufforstung eingesetzt.

Echtes Springkraut

Impatiens noli-tangere

Typisch: Gelbe Blüten mit langem Sporn, Früchte springen bei Berührung auf.
Kennzeichen: An dem langen glasigen Stengel stehen wenige lanzettliche Blätter wechselständig. Die goldgelben Blüten sind innen rot punktiert.
Vorkommen: Häufig in Auenwäldern und feuchten Laubmischwäldern. Auch entlang von Waldbächen.

Wissenswertes: Das „Rührmichnichtan" blüht von Juli bis August. Noch während der Blüte sind auf der Pflanze auch die bananenförmigen Früchte zu sehen. Reife Früchte sind in der Mitte verdickt, beim Anfassen schleudern sie die Samen von sich. Der Schleudermechanismus entsteht durch ein schnelles Aufrollen der Frucht-Scheidewände.

Roter Fingerhut

Digitalis purpurea

Typisch: Glockenförmige „Fingerhüte", altrosa bis violett.
Kennzeichen: Die aufrechte Pflanze mit behaarten Stengeln und Blättern trägt viele gestaffelte Glockenblüten. Meist sind die oberen noch in Knospe.
Vorkommen: Oft in Massen auf Kahlschlägen und Lichtungen, auf Lichtinseln im Wald auch einzeln stehend.

Wissenswertes: Die Halbschattenpflanze blüht von Juni bis August. Schon in den frühen Morgenstunden besuchen Hummeln die Röhren, und zwar Arten, deren Körper genau den Durchmesser der Blüten aufweisen und die somit zum Nektar am Kelchgrund vordringen können. Die Samen werden einfach ausgestreut; deshalb „wachsen" die Bestände.

Flatterbinse

Juncus effusus

Typisch: Große Horste glatter, runder Halme mit braunen Blütenständen.
Kennzeichen: Oft große Bestände einheitlich grüner Halme mit porösem Mark. Die reich verzweigten Blütenstände sitzen etwas unterhalb der Spitze.
Vorkommen: Sumpfige Lichtungen, Waldgräben und feuchte Wegränder sind oft massenhaft bestanden.

Wissenswertes: Die Flatterbinse braucht staunasse Böden. Beim näheren Hinsehen lassen sich an den runden Früchten oft kleine weiße Säckchen beobachten, die sich langsam bewegen. Darin wohnen die nur wenige Millimeter großen Raupen der Sackträgermotten, einer Kleinschmetterlingsfamilie. Der Befall schwankt von Jahr zu Jahr.

Pfeifengras

Molinia caerulea

Typisch: Große Horste glatter, runder Halme mit braunen Rispen am Ende.

Kennzeichen: Hochgras mit Halmen von 30–200 cm Länge. Die fast knotenlosen Halme stehen im Horst zusammen wie lange Spieße in einem Behälter. Die Rispen sind violett und fühlen sich sehr weich an.

Vorkommen: Das auffällige Gras wächst in moorigen Auenwäldern, aber auch im Nadelwald, wenn das Grundwasser hoch steht. Häufig auch auf Heiden.

Wissenswertes: Dieses genügsame Gras wächst auf Böden, die anderen Gräsern zu nährstoffarm sind. Zur Zeit der langen Keramikpfeifen dienten die festen Halme zum Putzen der Mundstücke (Name). Das Gras überwuchert oft den Jungwuchs.

Wald-Geißblatt

Lonicera periclymenum

Typisch: Schlingstrauch mit weithin süßlich duftenden, auffälligen Blüten.
Kennzeichen: Die langen Sprosse des Wald-Geißblatts schlingen sich an Bäumen empor, überwuchern Brombeerranken und klettern über den Jungwuchs. Aus den rosa Trichterblüten hängen lange Staubgefäße.
Vorkommen: Sehr häufig in Eichen-Hainbuchenwäldern und an sonnigen Waldrändern von Erlen- und Birkenbrüchen.
Wissenswertes: Die ovalen Blätter tragen oft ein wie eingestanzt wirkendes Stern- oder Schlangenmuster. Verursacher sind winzige Fliegenlarven, die im Blattinnern fressen. Die Blüten werden nachts von Schwärmern (Schmetterlinge) besucht und bestäubt.

Mistel

Viscum album

Typisch: Buschiger, olivgrüner „Hexenbesen" in der Krone eines Baumes.
Kennzeichen: Die grünen Zweige hängen oft, sind gabelförmig verzweigt und tragen am Ende je ein Blattpaar. Ab Spätsommer oft mit weißen, kugeligen Beeren.
Vorkommen: Laubwälder, Kiefernwälder, flußbegleitende Pappeln und Weiden, Nußbäume.

Wissenswertes: Die Mistel schmarotzt an verschiedenen Baumarten, die sie mit Senkwurzeln „anzapft". Zu den Wirten gelangt sie durch Vögel, denen die klebrigen Samen am Schnabel haften bleiben, wenn sie die schmackhaften Mistelbeeren fressen. Beim Schnabelwetzen am Ast bleiben die Samen kleben und keimen auf dem neuen Ast aus.

Hainbuche

Carpinus betulus

Typisch: Steht meist neben Eichen.

Kennzeichen: Hoher Baum mit breiter Krone. Die Blätter sind eiförmig und am Rand gezähnt. Auffallende Früchte: Sitzen als flache Nuß in einem dreizipfeligen Deckblatt, das beim Herabfallen den Flug bremst und durch kreisende Bewegung den Samen vom Wind verdriften läßt.

Vorkommen: Charakterbaum von Eichen-Hainbuchenwäldern.

Wissenswertes: Eiche und Hainbuche ergänzen sich trefflich. Die sonnenliebende Eiche füllt die Laubkrone des Waldes, die Hainbuche bevorzugt den darunterliegenden Halbschatten. Die Eiche nutzt tiefliegende Nährstoffe, die Hainbuche die oberen Nährstoffdepots.

Birke

Betula pendula

Typisch: Baum mit glatter, weißer Rinde.
Kennzeichen: Dünne hohe Stämme mit hängenden Zweigen im Kronenbereich. Die Blätter sind dreieckig und zugespitzt. Die männlichen Blüten hängen als lange Kätzchen herab, die weiblichen haben Knospenform und stehen auf dem selben Baum (Birken sind einhäusig).

Vorkommen: Vereinzelt in hellen Laubmischwäldern, bestandsbildend oft in Mooren und auf Heiden.
Wissenswertes: Die Birke ist ein Pionierbaum. Mit ihr beginnt die Verwaldung eines Moores. Zahlreiche Insekten leben auf diesem Baum. Am bekanntesten ist die häufige Stachelwanze *Elasmucha*, die ab Mai auf einem Birkenblatt ihre Wanzenkinder bewacht.

Rotbuche

Fagus sylvatica

Typisch: Stattlicher Baum mit glatter, grauer Rinde. Die Blätter sind am Rand behaart.

Kennzeichen: Rotbuchen bilden eine breite Krone aus frischgrünen Blättern, die sich im Herbst rotgolden verfärben. Im Mai hängen die männlichen Kätzchen an langen Stielen, die weiblichen Blüten sind aufrecht stehende Knospen mit rosaroten Griffeln. Im Sommer stehen die dreikantigen Früchte zu zweit in einer stacheligen Hülle und fallen im Herbst als „Bucheckern" zu Boden.

Vorkommen: Diese Schattenholzart bildet meist große reine Bestände, gelegentlich von Tanne und Eiche begleitet.

Wissenswertes: Im Buchenwald ist der gesamte Lebenszyklus zu beobachten. Die

Bucheckern quellen am Waldboden. Kurz darauf schiebt sich eine Keimwurzel aus der Frucht und dringt in den Boden ein. Wenige Tage später entfalten sich zwei grüne Keimblätter (rechts). Dazwischen liegt ein zarter Sproß, der im Sommer herauswächst und die ersten eigenen Blätter trägt. Rotbuchen blühen erst mit 25 Jahren. Mittlerweile sind rund ein Drittel der Buchen geschädigt. Kennzeichen: Die Kronen werden durchsichtig (unten).

Stieleiche

Quercus robur

Typisch: Knorriger Baum mit breiter Krone.
Kennzeichen: Der mächtige Baum mit den gekrümmten Ästen ist vor allem an den gelappten, ledrigen Blättern zu erkennen. Die männlichen Blüten hängen als Kätzchen, die weiblichen stehen als Knospen mit roten Narben.
Vorkommen: Laubmischwälder in tieferen und mittleren Lagen, vor allem im Eichen-Hainbuchenwald.
Wissenswertes: Die Stieleiche wird bis zu 800 Jahre alt, einige Exemplare wurden sogar noch älter. Auf der Eiche entwickeln sich über 300 Schmetterlingsarten, von den Eicheln leben Eichhörnchen und Wildschweine. Der Eichelhäher versteckt die Früchte und pflanzt so oft Bäume. Im Holz entwikkeln sich Hirschkäfer.

Traubenkirsche

Prunus padus

Typisch: Erster blühender Baum im Mai.
Kennzeichen: Die auffälligen weißen Büten hängen in reichen Trauben aus mehr als 20 Einzelblüten und duften süßlich schwer.
Vorkommen: Waldränder und Säume von Auwäldern, Hecken und Laubwäldern.
Wissenswertes: Die Traubenkirsche wird oft von Erlen und Eschen begleitet. Auf ihr überwintert die Traubenkirschen-Blattlaus, die im Frühjahr auf das junge Getreide wechselt. Trotzdem ist dieser Baum nicht schädlich, sondern sollte gefördert werden, da seine Blüten gleichzeitig die natürlichen Feinde der Blattläuse (winzige Erzwespen) mit dem Nektar anlocken. Diese regulieren den Blattlausbestand auf biologische Weise.

Bergahorn

Acer pseudoplatanus

Typisch: Große Blätter mit 3 spitzen Lappen.
Kennzeichen: Der Baum mit seiner dreieckigen Kontur blüht bereits während des Laubausbruches. Die gelben Blütentrauben hängen an langen Stielen und heben sich oft kaum vom frischen Laub ab. Die kugeligen Früchte tragen symmetrische Flügel.
Vorkommen: Häufig in Bergwäldern und in alpinen Schluchten. Steht dort oft mit Buchen zusammen. An der Laubwaldgrenze manchmal noch die einzige Baumart.
Wissenswertes: Die Blätter fühlen sich oft klebrig an, da der Baum mit Zuckersäften aus Blattdrüsen Insekten zur Bestäubung der Blüten anlockt. Die geflügelten Samen werden vom Wind verbreitet („Hubschraubersamen").

Sommerlinde

Tilia platyphyllus

Typisch: Große Blätter mit der auffallenden Form: „Schiefes Herz".
Kennzeichen: Weit ausladender Baum mit schwärzlicher Borke. Unterschiede zur kleinblättrigen Winterlinde: Großblättrig, Haarbüschel auf der Blattunterseite in den Nervenachsen weiß, bei der Winterlinde gelb. Werden auch als „Milbenhäuschen" bezeichnet, da sich oft Milben darin verstecken.
Vorkommen: Häufig in Bergwäldern und in engen Tälern. Steht dort oft mit Buchen zusammen.
Wissenswertes: Die „Dorflinde" reagiert empfindlich auf Luftverschmutzung. In feuchten Berglagen kann die Linde über 1000 Jahre alt werden. Der Lindenhonig besteht aus Blattlauszucker, den Bienen eintragen.

Weißtanne

Abies alba

Typisch: Stehende Zapfen, die später zerfallen. Übrig bleiben nur die Spindeln, die wie Kerzen aussehen. Tannenzapfen kann man deshalb nicht sammeln.
Kennzeichen: Der Nadelbaum blüht im Frühjahr, Zapfen meist nur im Wipfelbereich. Oft bis zu 50 m hoch.
Vorkommen: In den Mittelgebirgen bis in Höhenlagen von 400–900 m noch natürlich verbreitet. Häufig mit Fichten (hängende Zapfen) und Kiefern zusammen.
Wissenswertes: Die Weißtanne wird seit Jahren von einem noch rätselhaften Tannensterben heimgesucht. Ursache ist vermutlich ein Pilz, der den „Naßkern“ verursacht. In höheren Lagen vielfach Verluste durch die Tannenlaus. Der Baum kann bis zu 600 Jahre alt werden.

Rotfichte

Picea abies

Typisch: Immergrüner Nadelbaum mit hängenden Zapfen.
Kennzeichen: Die Nadeln laufen spiralig um den Zweig. Die männlichen Blüten im Frühjahr erdbeerrot, später mit gelben, dicken Pollensäcken.
Vorkommen: In den Mittelgebirgen bis in Höhenlagen von 1000 m noch natürlich verbreitet. Sonst überall angepflanzt.

Wissenswertes: Die schnell wachsende Fichte ist der wichtigste Ertragsbaum in der Forstwirtschaft. Deshalb wurden vielfach Laubwälder in anfällige Nadelgehölze umgewandelt. Seit 1980 massives Fichtensterben. Symptome: Kronenverlichtung, Nadelverfärbungen, vermehrte Bildung von „Angsttrieben". Ursache ist die Summe aller Luftverunreinigungen.

Europäische Lärche

Larix decidua

Typisch: Einziger Nadelbaum, der im Herbst seine Nadeln abwirft.
Kennzeichen: Die weichen grünen Nadeln stehen büschelig, werden meist schon im Hochsommer gelb und fallen später ab. Die männlichen Blüten sind gelb, die weiblichen rot. Die kleinen Zapfen bleiben mehrere Jahre am Baum.
Vorkommen: Natürlich nur noch in den Alpen, sonst überall forstlich eingebracht.
Wissenswertes: Die sonnenliebende Lärche wächst schnell bis zu 40 m hoch und kann 400 Jahre alt werden. Sie ist widerstandsfähig gegen Frost und Wind. In Süddeutschland treten häufiger Schädigungen auf, sie zeigen sich in Kronenverlichtung und späten Nachtrieben in den Spitzen alter Bäume.

Gemeine Kiefer

Pinus sylvestris

Typisch: Lange Nadeln, männliche Blüten im Mai als große gelbe Pollensäcke.
Kennzeichen: Nadelbaum mit zwei Wuchsformen. Rhein-Main-Gebiet: Flache Krone. Mittelgebirge: Spitze Krone. Stamm unten dunkel, oben rötlich.
Vorkommen: Überall auf sandigen Böden, in der Mark Brandenburg, in der Lüneburger Heide oder in Franken ganze Wälder bildend.
Wissenswertes: Die Kiefer ist der anspruchsloseste Nadelbaum und wurzelt mit der langen Pfahlwurzel selbst in blankem Sand. Seit 1982 wurden vermehrt Schadensymptome festgestellt: Nadelverluste im Sommer, punktförmige Flecke auf den Nadeln (Nekrosen), vergilbende Kronen. Wird oft von Heidelbeersträuchern begleitet.

Schwarzkiefer

Pinus nigra

Typisch: Immergrüner Baum mit auffallend dunkelgrünen Nadeln.
Kennzeichen: Der anspruchslose Nadelbaum bildet anfangs eine eiförmige, später eine schirmartige Krone aus. Männliche Blüten im Mai goldgelb mit wehendem Pollenstaub, weibliche Blüten rot. Zapfen hellbraun und glänzend.
Vorkommen: Ursprüngliche Heimat ist das Mittelmeer. Heute jedoch überall in sonnigen Lagen als Windschutz angepflanzt.
Wissenswertes: Als anspruchsloser Baum wird die Schwarzkiefer vor allem auf Sandböden und flachgründigen Felsplateaus aufgeforstet, die sie mit Pfahlwurzeln verfestigt und vor Bodenerosion schützt. Oft Brutplatz für Sperber und Elstern.

Weymouthkiefer

Pinus strobus

Typisch: Immergrün mit auffallend weichen und langen dunkelgrünen Nadeln in Fünfergruppen.
Kennzeichen: Immergrüner Nadelbaum mit harzigen, spindeldürren Zapfen und dickem Stamm. Blüht im Juni.
Vorkommen: Ursprüngliche Heimat ist Nordamerika. Meist als Einzelbaum in Parks und Nadelwäldern angepflanzt.

Wissenswertes: Dieser Baum ist ein eindrucksvolles Beispiel für oft verhängnisvolle Folgen des Einführens von Pflanzen aus anderen Kontinenten. Der Rinden-Blasenrost, ein Schmarotzer der einheimischen Johannisbeere, tötet viele Weymouthkiefern bei uns ab. Durch Rückführung von Zuchtbäumen in die USA schädigt der Pilz jetzt dort den Baum.

Große Wegschnecke

Arion ater

Typisch: Ziegelrote, schwarze oder orangerote Nacktschnecke. Zieht sich bei Berührung in der Längsrichtung zusammen, andere Nacktschnecken-Arten winden sich.
Kennzeichen: Stets ohne Haus, mit großem dunklem Atemloch seitlich vorne und dunklen, einstülpbaren Fühlern. Viele Farbvarianten.
Vorkommen: Überall häufig in Laubwäldern, Hecken und Gärten, vorzugsweise nach Regenfällen.
Wissenswertes: Die Schnekke klettert gelegentlich an Stämmen empor. Sie schabt grüne Algenbeläge von Stämmen ab, frißt Hutpilze oder auch Fallaub. Sie benutzt dazu eine zahnreiche „Zunge", mit der sie kleine Stücke abraspelt. Die Eier werden unter Moospolstern oder Steinen versteckt.

Weißmund-Bänderschnecke

Cepaea hortensis

Typisch: Hausöffnung mit weißer „Lippe".
Kennzeichen: Gehäuse leuchtend gelb und oft mit bräunlichen, mehr oder wenig sichtbaren Bändern. Viele Farbvarianten.
Vorkommen: Überall häufig in Laub- und Randsäumen, vorzugsweise nach Regenfällen.
Wissenswertes: Obwohl diese Art *„hortensis"*, also Gartenschnecke heißt, lebt sie im Wald. *Cepaea nemorum* (mit dunkler Lippe) heißt Wald-Bänderschnecke, lebt aber in Gärten. Deshalb achte man auf den hellen Saum der Gehäuseöffnung. Die Schnecke frißt Blätter und Früchte und klettert an Baumstämmen empor, um Algen abzuweiden. Bei Trockenheit verschließt sie das Haus mit einem Schleimdeckel.

Bodentiere

Typisch: Unter toter Borke eines verrottenden Baumes oder in der Laubstreu sind sehr häufig langgestreckte Tiere mit vielen Beinen oder kugelige Tiere mit breiten Rückenpanzern zu finden.
Kennzeichen: Steinläufer (*Lithobius* sp.): Langgestreckter, brauner Hundertfüßer, sucht schnell das Dunkle auf (li. oben).
Erdläufer (*Geophilus* sp.): Okkerfarbener Hundertfüßer mit langen Tastern am Kopf (re. oben).
Rollassel (*Armadillidium vulgare*): Flaches Tier mit Rükkenplatten, rollt sich bei Störung sofort zusammen (re. unten).
Vorkommen: Im Herbst überall unter Holz und Laub.
Wissenswertes: Um die reichlich anfallende Laubstreu zu zerkleinern und die darin enthaltenen Nährstoffe in den Kreislauf zurückzubringen, ar-

beitet ein Millionenheer von Tieren als Mahlsteine des Bodens. Meist sind diese Tiere sehr klein. Aus der Gilde der mittelgroßen „Mahlsteine" wird man häufig die Rollassel finden. Sie frißt sich durch modernde Blätter und hinterläßt Krümel zum weiteren Aufschluß durch Pilze und Bakterien. Natürlich gibt es auch Räuber im Lückensystem des Bodens: Die Steinläufer jagen in der Dunkelheit winzige Bodeninsekten und Milben. Die langgestreckten Erdläufer folgen Regenwürmern und anderen Bodenwürmern in ihre Gänge, um sie dort zu überwältigen. Die Lebewelt des Bodens besteht zu 40 % der Individuen aus Pilzen, 40 % aus Bakterien und zu 20 % aus Regenwürmern, Asseln, Tausendfüßern, Springschwänzen und anderen Insekten. Pro Hektar leben allein 250 000 Regenwürmer im Laubwald. Alle Organismen arbeiten zusammen, um den Bäumen die lebensnotwendigen Stickstoffverbindungen zu recyclen.

Wolfsspinne

Pardosa lugubris

Typisch: Huscht an besonnten Stellen übers Laub. Kein Netz.
Kennzeichen: Dunkelbraune Spinne mit einem deutlichen, gelbbraunen Mittelband auf dem Vorderkörper.
Vorkommen: Überall häufig an offenen Bodenstellen an Wald- und Wegrändern.
Wissenswertes: Wolfsspinnen sind freijagende Räuber und bauen kein Netz. Sie erbeuten kleine Insekten, die sie im Lauf überraschen. Ab Ende Mai spinnen die Weibchen einen Eikokon und tragen ihn mehrere Wochen mit sich herum. Von Juni bis September sieht man häufig Weibchen mit einer großen Jungenzahl auf dem Rücken (Bild) umherlaufen. Um diese Tiere zu beobachten, sollte man sich an einen sonnigen Baumstumpf setzen.

Baldachinspinne

Linyphia triangularis

Typisch: An Herbstmorgen Tausende von Netzen taubehängt dicht über dem Waldboden.
Kennzeichen: Waagerecht aufgehängte Seidendecke mit einem Gewirr von Halte- und Stolperfäden senkrecht darüber. Unter der Decke hängt die Spinne mit hellen Flecken und einem glänzend schwarzen Mittelband auf dem Rücken.

Vorkommen: Im Herbst in Laubwäldern überall häufig, Netze dicht über dem Waldboden.
Wissenswertes: Die Baldachinspinne sitzt ruhig bauchoben unter dem Seidenteppich und lauert mit ausgestreckten Vorderbeinen. Geraten kleine Insekten in das Gewirr der Stolperfäden, rüttelt sie solange, bis die Beute auf den Baldachin fällt.

Gartenkreuzspinne

Araneus diadematus

Typisch: Großes rundes Radnetz, meist zwischen Bäumen aufgespannt.
Kennzeichen: Mit 15 mm größte einheimische Spinne, sitzt meist im Zentrum des Netzes. Auffallend ist die helle Kreuzzeichnung auf dem braunen Körper.
Vorkommen: Im Herbst in Laubwäldern überall häufig – an Taumorgen gut zu sehen.
Wissenswertes: Die Spinne sitzt mit weit gespreizten Beinen kopfunter in der Netzmitte und lauert. Bewegen sich die Signalfäden, stürzt sie sich auf die Beute und wikkelt diese mit einem Sprühstrahl aus den Spinndrüsen ein, bis das Opfer bewegungsunfähig ist. Bei trübem Wetter versteckt sich die Spinne in einem Unterschlupf. Im Herbst spinnt sie einen Kokon für ihre Eier.

Rothals-Aaskäfer

Oeceoptoma thoracica

Typisch: Sitzt meist auf der Stinkmorchel oder auf Aas.
Kennzeichen: Dieser etwa 20 mm große und sehr träge Käfer ist unverwechselbar. Er ist flach, das Halsschild ist rotbraun.
Vorkommen: In allen Laub- und Mischwäldern häufig.
Wissenswertes: Aaskäfer sind die Totengräber des Waldes und deshalb wichtige Recyclingspezialisten. Sie vergraben tote Tiere, die dann von ihren Larven verwertet werden. Das Aas nehmen sie mit Geruchszellen auf ihren keuligen Fühlern wahr und riechen es auf große Entfernung. Die Stinkmorchel produziert ebenfalls Aasduft, um diese Käfer anzulocken. Die betrogenen Käfer bekommen vom Pilz Hormone zu fressen und verbreiten dafür dessen Sporen.

Feldmaikäfer

Melolontha melolontha

Typisch: Brauner Käfer mit Fächerfühlern.
Kennzeichen: Etwa 40 mm großer, behaarter Käfer mit seitlichem, schwarz-weißem Zickzackband. Männchen mit 7, Weibchen mit 5 „Blättern" an den Fächerfühlern.
Vorkommen: In allen Laub- und Mischwäldern regelmäßig, in Warmgebieten häufig, in Massenjahren sehr häufig.
Wissenswertes: Den Maikäfer gibt es noch, lediglich die Massenvermehrungen sind seltener geworden, weil das Ackerland meist jährlich umgebrochen wird. Die Engerlinge fressen an den Wurzeln des Löwenzahns und benötigen eine dreijährige, ungestörte Entwicklungszeit. Nach dem Schlüpfen schwärmen die Maikäfer auf dunkle Silhouetten am Horizont zu – meist Wälder.

Buchdrucker

Ips typographicus

Typisch: Gänge unter der Borke toter Fichten.
Kennzeichen: In den an ein Schriftbild (siehe S. 96) erinnernden Gängen braune, 4–5 mm große Käfer.
Vorkommen: In ganz Europa an Fichten sehr häufig, besonders nach Windbruch.
Wissenswertes: In warmen Sommern befallen der Buchdrucker und andere Borkenkäfer geschwächte Fichten. Die Weibchen fressen unter der Borke zwei Muttergänge in Längsrichtung und legen Eier. Die Larven fressen vom Zentralgang geschwungene Seitengänge. Von kleinen Käferherden breitet sich oft der Befall schlagartig aus und kann ganze Wälder vernichten. Vor allem, seit viele Fichten durch die Luftbelastung geschädigt sind, sind Massenvermehrungen häufiger.

Brauner Bär

Arctia caja

Typisch: Tagsüber ruhig sitzender Falter. Bei Berührung blitzschnelles Zeigen der rotschwarzen Hinterflügel.
Kennzeichen: Dachförmig gehaltene braune Flügel mit hellem Linienmuster.
Vorkommen: Lichte Laubwälder, Waldränder, Parks, Gärten. Sehr häufig.
Wissenswertes: Der Falter fliegt von Ende Juni bis August, meist in der Nacht. Häufig findet man jedoch im Spätsommer die braunen, stark behaarten Raupen über den Waldweg laufen oder frei auf Himbeerranken sitzen. Sie entwickeln sich an vielen Sträuchern und niedrigen Pflanzen wie Heidelbeere, Himbeere oder Löwenzahn. Nach dem Fraß wandern sie zu geeigneten Überwinterungsorten. Im Frühjahr fressen sie weiter.

Landkärtchen

Araschnia levana

Typisch: Gaukelt im Sommer durch Auenwälder.
Kennzeichen: Falter mit zwei Generationen: Im Frühjahr gelbbraun mit schwarzen, gelben und weißen Flecken. Sommer: Schwarzbraun mit gelber Querbinde (Bild).
Vorkommen: Schattige Auenwälder mit beschatteten Brennesselbeständen.
Wissenswertes: Der Falter legt seine Eier in langen Schnüren an schattige Brennnesseln. Dort fressen die schwarzen, bedornten Raupen mit dem typischen Dornenpaar auf dem Kopf. Im August fressen die Raupen noch gesellig, später vereinzeln sie sich und überwintern als Puppe. Die merkwürdigen Farbunterschiede im Frühjahr und Sommer werden durch die wechselnde Tageslänge ausgelöst.

Rote Waldameisen

Formica rufa und *F. polyctena*

Typisch: Hohe Ameisenhaufen.
Kennzeichen: Vorderkörper rotbraun, Hinterleib schwarz.
Vorkommen: Nadelwälder.
Wissenswertes: Waldameisen sind staatenbildende Insekten mit zahlreichen Königinnen. Tagsüber laufen die Arbeiterinnen weite Strecken auf chemisch markierten Straßen, um z. B. Raupen zu überwältigen (li. oben) oder den süßen Honigtau von Blattläusen einzusammeln (re. oben). Dazu betrillern sie die Läuse am Körperende so lange, bis diese den Honigtau ausspritzen. Waldameisen gelten als Nützlinge im Wald, weil sie Millionen pflanzenfressender Raupen eintragen. Deshalb schützen Forstleute ihre Bauten mit Gittern (re. unten) vor mutwilliger Zerstörung.

Grasfrosch

Rana temporaria

Typisch: Der „Gras"-Frosch ist braun, der „Wasser"-Frosch grün!
Kennzeichen: Dunkler Schläfenfleck, Unterseite hell.
Vorkommen: Laubwälder, Auwälder, Parks, Gärten, Heideflächen mit Tümpeln.
Wissenswertes: Die meiste Zeit seines Lebens verbringt der Grasfrosch im Wald. Zur Laichzeit im Februar wandern die Grasfrösche auf traditionell festgelegten Wegen zu Tümpeln und laichen klumpige Ballen von ca. 3500 kreisrunden, schwarzen Eiern. Die Kaulquappen schwimmen in dichten Scharen im seichten Uferwasser. Auch im Wald benötigen die Grasfrösche feuchte Umgebung. Deshalb verkriechen sie sich oft in bemoosten Baumstubben. Straßen sind meist tödliche Barrieren.

Blindschleiche

Anguis fragilis

Typisch: Goldglänzende, glatte Oberfläche.
Kennzeichen: Weibchen manchmal mit dunklem, aber nie gezacktem Rückenstreifen. Länge höchstens 45 cm.
Vorkommen: Laubwälder, Waldlichtungen mit Baumstubben und nicht zu trockenen Stellen.
Wissenswertes: Die Blindschleiche sieht wie eine Schlange aus, ist aber eine beinlose Echse, wie schon der eidechsenähnliche Kopf verrät. Die meiste Zeit verbringt sie in einem Versteck. Erst in der Dämmerung jagt sie, besonders bei feuchtem Wetter, Regenwürmer und Nacktschnecken. Gelegentlich sieht man Blindschleichen beim Sonnen auf Baumstümpfen. Die Blindschleiche ist völlig harmlos.

Zauneidechse

Lacerta agilis

Typisch: Rücken hellbraun mit gestricheltem Längsband(„Straßenzeichnung“).
Kennzeichen: Variable Färbung. Männchen meist mit hellgrünen Flanken (Foto), Weibchen seitlich cremefarben.
Vorkommen: Waldlichtungen mit trockenen, sonnigen Stellen, Hecken und Straßenböschungen.
Wissenswertes: Die sehr wärmeliebende Zauneidechse ist nicht besonders scheu und sonnt sich gern auf Steinen. Tagsüber jagt sie Heuschrecken, andere Insekten oder Spinnen. Anfang Juni legen die Weibchen 5–14 haselnußgroße Eier in den lokkeren Boden und lassen sie von der Sonne ausbrüten. Wird die Eidechse von einem Vogel erfaßt, kann sie das Schwanzende abwerfen.

Habicht

Accipiter gentilis

Typisch: Greifvogel mit dunklen Querbändern auf heller Brust.
Kennzeichen: Bussardgroß, sehr wendiger Jäger. Flugbild: Langer Schwanz und gerundete Flügel. Bussard: kurzer, runder Schwanz.
Vorkommen: Meist Kiefer- oder Laubmischwälder mit einzelnen hohen Bäumen (Überhältern).
Wissenswertes: Der Habicht jagt Beute bis Marder- oder Hühnergröße. Er ist ein Überrumpelungsjäger und fliegt mit großer Wendigkeit aus der Deckung auf seine Beute zu. Wie alle Räuber wird auch der Habicht durch das schwankende Nahrungsangebot reguliert. Jagdliche Eingriffe sind überflüssig und sinnlos. Die Horste in hohen Überhältern werden mit Reisig „begrünt".

Sperber

Accipiter nisus

Typisch: Greifvogel mit langem Schwanz und runden Flügeln.
Kennzeichen: Weibchen oben dunkel, am Bauch hell mit Querbänderung. Männchen oben blaugrau, unten hell mit rostroter Binde (Foto).
Vorkommen: Häufig in kleinen Nadelgehölzen („Stangenwäldchen“).
Wissenswertes: Der Sperber jagt seine Beute, meist Singvögel, mit Hilfe der Überrumpelungstaktik, er fliegt mit großer Wendigkeit aus der Deckung auf seine Beute zu. Der Horst besteht aus trockenen Reisern und wird etwa 6–8 m hoch dicht am Stamm von Fichten oder Kiefern gebaut. Die vier bis sechs schmutziggrauen Eier werden rund 35 Tage vom Weibchen bebrütet.

Ringeltaube

Columba palumbus

Typisch: Klatschendes Geräusch beim Abflug.
Kennzeichen: Große Taube mit auffallendem weißen Halsfleck und weißem Flügelbug. Lautes, dumpfes Gurren.
Vorkommen: Laubmischwälder, Parks, Gärten, im Winter oft in großen Schwärmen auf Feldern und Schafweiden.
Wissenswertes: Die Ringeltaube ist mittlerweile verstädtert und brütet auch in buschreichen Gärten. Im Frühjahr verneigt sich das Männchen balzend und schnäbelt mit der Täubin. Das einfache und ein wenig schlampige Nest wird auf Zweige aufgelegt, die zwei weißen Eier werden rund drei Wochen bebrütet. Die Altvögel füttern ihre Jungen anfangs mit Kropfmilch, einem vorverdauten Nahrungsbrei, der ausgewürgt wird.

Waldkauz

Strix aluco

Typisch: Rundes Gesicht, große dunkle Augen.
Kennzeichen: Zwei Farbvarianten: Grau oder rotbraun. Im März in Parks nachts oft lautes Hu Hu Hu Huuuh.
Vorkommen: Laubmischwälder, Auenwälder, Parks, Gärten.
Wissenswertes: Der Waldkauz fehlt mittlerweile wohl in keinem Dorf mit hohen Bäumen. Er brütet in Baumhöhlen, alten Krähennestern, Scheunen, Kaminen oder eigens aufgehängten Nisthöhlen. Die Jungen – weiße Wollknäuel – sitzen noch wochenlang auf Ästen und werden gefüttert, oft dabei von zeternden Meisen umschwärmt. Der Waldkauz fängt meist Mäuse, die er im lautlosen Flug überrascht. Um Waldkäuze festzustellen, pfeift man das „HuHu" nach.

Buntspecht

Picoides major

Typisch: Scharf gerufenes „Gick, gick“.
Kennzeichen: Gefieder schwarz und weiß, Bauch mit leuchtend rotem Fleck.
Vorkommen: Laubmischwälder, Auenwälder, Nadelgehölze, Parks, Gärten.
Wissenswertes: Der Buntspecht zimmert seine Höhle in Laub- und Nadelbäume. Beide Partner brüten. Die Nahrung sucht der Specht am Stamm, er stützt sich mit dem Spreizschwanz dabei ab. Meist pickt er Insekten und Spinnen unter der Borke hervor, nimmt aber auch Obst und Beeren an. Das Trommeln auf trockene Äste und manchmal sogar auf Metallschilder dient der Revierabgrenzung. Gelegentlich vollführen Buntspechte wahre Luftsprünge, um Fluginsekten zu fangen.

Zaunkönig

Troglodytes troglodytes

Typisch: Scharf gerufenes „Tett tett tett tett".
Kennzeichen: Kleiner brauner Vogel mit steil aufgestelltem Schwanz.
Vorkommen: Laubmischwälder, Auenwälder, Nadelgehölze, Parks, Gärten.
Wissenswertes: Der kleine Zaunkönig ist meist nicht zu überhören. Mit lautem melodischem Schmettern verteidigt er von einer Singwarte aus sein Revier. Das Männchen baut mehrere Kugelnester mit seitlichem Eingang, nur eines davon wird später das Brutnest. Im Siedlungsbereich werden oft kuriose Nester gebaut: In alten Jacken, Gartenschläuchen, Türkränzen oder an Deckenleuchten. Auf der Suche nach Insekten und Spinnen huscht der Vogelzwerg wie eine Maus durchs Geäst.

Zilpzalp

Phylloscopus collybita

Typisch: Ausdauernder Gesang „Zilp zalp...".
Kennzeichen: Kleiner unruhiger Vogel, oberseits olivgraubraun, unterseits blaßgelb.
Vorkommen: Laubmischwälder, Auenwälder, Nadelgehölze, Parks, Gärten.
Wissenswertes: Der kleine Laubsänger huscht ständig unruhig durchs Gebüsch und ist meist nur singend zu entdecken. Das eintönige „Zilpzalp" ertönt am Morgen stundenlang. Als Nahrung fängt er mit seinem Pinzettenschnabel kleine Insekten und Spinnen im Laub. Das Nest bauen beide Altvögel in dichtes Grasgewirr, meist an Wegrändern oder Lichtungen. Die weißlichen Eier sind rotbraun gesprenkelt. Beim Füttern landen die Altvögel über dem Nest und schlüpfen dann tiefer.

Rotkehlchen

Erithacus rubecula

Typisch: Zutraulicher Vogel mit roter Brust.
Kennzeichen: Oberseits braun, Bauch weiß, leuchtend orangerote Brust, große dunkle Augen. Knickst während Laufpausen.
Vorkommen: Laubmischwälder, Auenwälder, Nadelgehölze, Parks, Gärten.
Wissenswertes: Der wegen seiner großen dunklen Augen überall beliebte Vogel ist während der Brutzeit gegenüber Artgenossen recht aggressiv. Oft zanken sich Rotkehlchen bis zur Erschöpfung. Ihr melancholisches Lied mit zarten Flötentönen und perlenden Trillern klingt bis in die späten Abendstunden. Das Nest wird gut am Boden versteckt, oft unter Erdvorsprüngen oder Wurzeln. Rotkehlchen sind oft Wirtsvögel vom Kuckuck.

Singdrossel

Turdus philomenos

Typisch: Der Vogel, „der alles dreimal sagt".
Kennzeichen: Amselgroß, oberseits braun, Brust hell mit dunklen Punkten. Singt abends von höchsten Baumspitzen ihr melodisches Lied mit dreimal wiederholten Elementen.
Vorkommen: Nadel-, Misch-, und Laubwälder, Parks und Gärten.
Wissenswertes: Die Singdrossel ernährt sich vorwiegend von Würmern und Gehäuseschnecken, die sie auf Steinen aufschlägt. Im Wald sind „Drosselschmieden" häufiger zu finden (siehe auch S. 96). Im Herbst frißt sie Beeren und Früchte. Das Nest baut die Drossel etwa 2–4 m hoch in Sträucher und kittet die Nestmulde mit Lehm aus (zur Unterscheidung: Amselnester stets ohne Kitt).

Tannenmeise

Parus ater

Typisch: Schwarzer Kopf mit weißem Fleck im Genick. Lebt winters in Trupps.
Kennzeichen: Ähnelt der Kohlmeise, ist aber kleiner, außerdem fehlt der für Kohlmeisen typische, dunkle Bauchstreifen. Geschlechter sind gleich gefärbt.
Vorkommen: Tannen- und Fichtenwälder, gelegentlich auch in Mischwäldern und Parks.

Wissenswertes: Tannenmeisen verraten sich im Winter sofort durch ein ständiges, leises Wispern. Sie suchen unermüdlich in Rindenspalten und Ritzen nach Spinnen und Insekten. Die Nester aus Moos, Gräsern und verfilzter Wolle werden in Baumhöhlen, Wurzelspalten und sogar in Mauselöchern angelegt. Meist ein Zeichen für Wohnungsnot in Fichtenforsten.

Kleiber

Sitta europaea

Typisch: Klettert am Stamm ruckweise in die Höhe, der Schwanz dient dabei als Stütze.

Kennzeichen: Im Frühjahr ein weithin hörbares „Wihe, Wihe". Oberseits blaugrau, unterseits rostfarben, trägt deutlichen schwarzen Augenstreif.

Vorkommen: Tannen- und Fichtenwälder, auch in Mischwäldern und Parks. Vor allem in Wäldern mit altem Baumbestand.

Wissenswertes: Der Kleiber ist der einzige Vogel, der abwärts klettern kann. Mit seinem meißelscharfen Schnabel stochert er Insektenlarven und Puppen aus Rindenspalten, kann aber auch Nüsse aufmeißeln. Seine Bruthöhle, oft ein altes Spechtloch, kleistert er mit Lehm bis auf Körperdurchmesser zu.

Buchfink

Fringilla coelebs

Typisch: Sehr laute Gesangsstrophe aus deutlich zu hörendem „Düdüdü Duritju“. **Kennzeichen:** Im Flug mit leuchtend weißen Schulterstreifen und Flügelbinde. Männchen mit weinrötlicher Brust und blaugrauem Oberkopf, Weibchen olivgrün. **Vorkommen:** Alle Waldtypen, Parks, Gärten. **Wissenswertes:** Der Buchfink besetzt im Frühjahr ein Revier und markiert dessen Grenzen tagsüber mit Gesang aus einer ständig wiederholten Strophe. Auf Artgenossen reagiert er sehr heftig. Das Nest wird hoch im grünen Laub in eine Astgabel gebaut und mit Flechten von außen getarnt. Im Sommer fressen Buchfinken Insekten und deren Larven, im Winter suchen sie Sämereien und Knospen.

Eichelhäher

Garrulus glandarius

Typisch: Lautes Quäken als Warnruf.
Kennzeichen: Fliegt in Wellenlinien, im Flug leuchtend weißer Bürzel zu sehen, Flügeldecken mit blauschwarzem Muster.
Vorkommen: Alle Waldtypen, Parks, Gärten.
Wissenswertes: Eichelhäher haben schon viele neue Bäume gepflanzt, da sie im Herbst Eicheln und Bucheckern verstecken. Als Allesfresser nehmen sie aber auch Würmer, Insekten, Eidechsen oder Mäuse. Der Eichelhäher ist der „Wächter des Waldes“, da er bei kleinsten Störungen sofort Alarm schlägt. Das Nest wird in wenigen Metern Höhe dicht am Stamm aus Reisig gebaut. In den Alpen wird er vom starähnlichen Tannenhäher abgelöst.

Waldmaus

Apodemus sylvaticus

Typisch: Springt oft auf zwei Füßen wie ein Känguruh. Langer Schwanz.
Kennzeichen: Sandbraunes Haarkleid, unterseits hellgrau mit gelbem Brustfleck.
Vorkommen: Alle Waldtypen, Parks, Gärten.
Wissenswertes: Die Waldmaus streift nachts weit umher, um Sämereien, Nüsse, Beeren, Insekten und Schnekken zu fressen. Gelegentlich sieht man sie im Winter an Weißdornfrüchten oder trifft sie an Komposthaufen an. Überraschte Mäuse fliehen oft nicht, sondern putzen sich. Die Paarungszeit reicht von März bis September, es werden 3–5 Würfe mit 4–7 Jungen in die unterirdische Nestkammer gesetzt. Die Waldmaus gräbt die Gänge selbst und legt dort Vorräte an.

Rötelmaus

Clethrionomys glareolus

Typisch: Rennt wie an einer Schnur gezogen. Kurzer Schwanz.
Kennzeichen: Rötlich braunes Haarkleid, oft fuchsrot, stumpfe Schnauze, kurze Ohren. Tag- und nachtaktiv.
Vorkommen: Alle Waldtypen, Parks, Gärten.
Wissenswertes: Die Rötelmaus ist die Wühlmaus des Waldes. Dort huscht sie durch Laub und Moos, entfernt sich aber nie weit von dem weit verzweigten Tunnelsystem. Sie frißt Wurzeln und Nüsse, Blattstücke und Rindenteile, Pilze sowie Insekten aller Art und trägt auch Vorräte ein. Nach der Paarung in der Zeit von März bis Oktober wirft sie nach 20 Tagen Tragzeit 3–7 Junge, in nahrungsreichen Jahren bis zu fünfmal. Feinde: Eulen und Fuchs.

Eichhörnchen

Sciurus vulgaris

Typisch: Meist rotbraunes Fell, buschiger Schwanz. Klettert abwärts an Stämmen.
Kennzeichen: Winterkleid dunkel graubraun, mit langen Ohrbüscheln. Sommerkleid rotbraun, auch schwarze Formen.
Vorkommen: Alle Waldtypen, Parks, Gärten.
Wissenswertes: Das Eichhörnchen baut in den Wipfeln von Laub- und Nadelbäumen ein kugelförmiges, mit Moos gepolstertes Hauptnest, den „Kobel". Daneben hat es noch mehrere Schlafnester. Dort hält es Winterruhe, unterbrochen von der Nahrungssuche. Es frißt vorwiegend Zapfensamen, Früchte, Bucheckern, Eicheln, Pilze und Insekten. Manchmal schält es Rinde, um an die zuckerhaltigen Baumsäfte zu gelangen.

Rotfuchs

Vulpes vulpes

Typisch: Buschiger Schwanz, Schwanzspitze meist weiß, bernsteinfarbene Augen.
Kennzeichen: Länge 50–90 cm. Fell gelbbraun bis rotbraun, oft silbrig glänzend.
Vorkommen: Alle Waldtypen, Parks, Gärten.
Wissenswertes: Der Fuchs ist ein anpassungsfähiger Räuber mit ausgezeichnetem Gehör, Geruchssinn und Sehvermögen. Geräusche von Mäusen ortet er punktgenau, springt auf die Stelle und preßt die Maus mit der Vorderpfote an den Boden. Nach der Ranzzeit im Winter setzt die Füchsin etwa Anfang April 4–6 schiefergrau gefärbte und blauäugige Welpen. Füchse ernähren sich vielseitig: Mäuse, Insekten, Beeren, Obst und Samen. Sie leben in einem losen Familienverband.

Wildschwein

Sus scrofa

Typisch: Spuren: Aufgebrochener Boden und Schlammsuhlen im Wald.
Kennzeichen: Kräftiger Rüssel mit Rüsselscheibe, borstiges Fell.
Vorkommen: Alter Laub- und Mischwald mit morastigen Stellen für Schlammbäder.
Wissenswertes: Der Vorfahr des Hausschweins erreicht in freier Wildbahn Gewichte von 70–200 kg. Wildschweine durchwühlen mit ihrer Rüsselscheibe lockeren Boden nach Wurzeln, Knollen, Eicheln, Bucheckern und auch Insektenpuppen. Brunftzeit im Winter. Die Keiler kämpfen und versuchen, sich die Flanken mit den Hauern aufzureißen. Nach rund 120 Tagen Tragzeit wirft die Bache 3–12 gestreifte Frischlinge in ein Lager im Dickicht.

Reh

Capreolus capreolus

Typisch: Helles Hinterende, Nase schwarz.
Kennzeichen: Fell im Sommer glänzend fuchsrot, im Winter graubraun. Geweih des Bocks im unteren Teil mit „Perlen".
Vorkommen: Halboffene Landschaften mit Waldrändern, Hecken. Auch in unterholzreichen Mischwäldern.
Wissenswertes: Bock und Geiß leben nur während der Brunft im Hochsommer zusammen. Nach 9,5 Monaten Tragzeit wirft die Geiß 1–3 weiß getüpfelte Kitze, die ihre ersten Lebenstage in hohem Gras verbringen und dort gesäugt werden. Im Winter wächst den Rehböcken ein neues Geweih, das anfangs vom weichen Bast geschützt ist, der später an Zweigen „gefegt" wird. Das Rehwild benützt „Wechsel".

Rothirsch

Cervus elaphus

Typisch: Männchen mit mehrfach verzweigten Geweihen, meist im Rudel.
Kennzeichen: Fell im Sommer glänzend rotbraun, im Winter graubraun.
Vorkommen: Große, geschlossene Waldgebiete, oft in großen Gattern.
Wissenswertes: Rothirsche leben in kleineren Rudeln, sie ziehen in der Dämmerung auf traditionellen Wegen zum Äsen auf Lichtungen oder Waldwiesen. Brünftige Hirsche röhren um Rivalen zu verscheuchen. Die meiste Zeit leben die Männchen und Weibchen jedoch in getrennten Rudeln. Im September treiben Hirsche die Kühe zu einem Harem zusammen und kämpfen mit ihren Rivalen um die Rangordnung. Dabei schlagen sie die Geweihe heftig aufeinander.

Damhirsch

Cervus dama

Typisch: Geweihe in Schaufelform.
Kennzeichen: Fell im Sommer glänzend rotbraun mit weißen Tupfen, langer Schwanz, unten weiß, oben schwarz.
Vorkommen: Laub- und Mischwälder mit wiesenreichen Lichtungen.
Wissenswertes: Damhirsche wurden im Mittelalter aus Südosteuropa eingeführt und halten sich seitdem in freier Wildbahn. Zur Brunftzeit im Herbst versuchen Hirsche, ein weibliches Rudel gegen Rivalen zu verteidigen. Ihr Revier markieren sie an jungen Bäumen mit Drüsensekreten, die am Kopf zwischen dem Geweih austreten. Die geweihlosen Kühe setzen im Juni ein fahlbraunes, hell gesprenkeltes, manchmal auch ein dunkles Kalb.

Register

Mit 115 Farbfotos von Aichele (24, 25, 27, 33), Angermayer (11, 68), Bärtels (1/8, 41, 44), Bellmann (v. Kl. 1), Danegger (75, 88, 89), Diedrich (77, 83, 87), Ewald (31), Fürst (62, 71), Fürst/Stahl (7–9), Klees (23, 80), König (v. Kl. 5, 21, 36, 38, 39, 54, 55, 96/1), Kremer (1/1, 1/3), Laux (13, 16, 18, 35, 40), Layer (30, 92, 93), Limbrunner (1/2, 8, 10, 45, 46, 50, 57, 63, 73, 96/2), Marktanner (66), Pfletschinger/Angermayer (v. Kl. 3, v. Kl. 4, 56, 59, 60, 61, 65, 69), Pforr (v. Kl. 6, 1/6, 9, 19, 43, 48, 59, 72, 91, 96/3, 96/7), Reinhard (2/3, 6, 7, 15, 17, 32, 34, 51, 52, 53, 58, 69, 76), Reinhard/Angermayer (90), Schrempp (1/7, 96/4, 96/6, 96/8), Schulze (12, 85), Synatschke (1/5, 70, 74), Vogt (v. Kl. 2, 1/4, 14, 20, 26, 86), Wendl (81), Wothe (22, 37, 42, 45, 49, 64, 78, 96/5), Zeiniger (28, 29, 47, 82, 84), Zepf (67) sowie 11 Farbzeichnungen von J.-C. Rost und 10 Schwarz-Weiß-Zeichnungen (Archiv)

Umschlag von eStudio Calamar, Pau, unter Verwendung von drei Farbfotos.
Umschlagvorderseite: Eichhörnchen, *Sciurus vulgaris* (Hans Reinhard)
Umschlagrückseite: Fliegenpilz, *Amanita muscaria* (Hans Reinhard), Buschwindröschen, *Anemone nemorosa* (Hans Reinhard)

Bibliografische Information der Deutschen Bibliothek
Die Deutsche Bibliothek verzeichnet diese Publikation in der Deutschen Nationalbibliografie; detaillierte bibliografische Daten sind im Internet über http://dnb.ddb.de abrufbar.

Gedruckt auf chlorfrei gebleichtem Papier

2. Auflage

ISBN 3-440-09541-X
Lektorat: Rainer Gerstle, Iris Kunz
Gestaltungskonzept: Atelier Reichert
Satz: Kittelberger, Reutlingen
Reproduktion: Repro GmbH, Fellbach
Produktion: Lilo Pabel
Druck und Bindung: Printer Trento S.r.l., Trento
Printed in Italy/Imprimé en Italie

Spuren von Tieren im Wald

1 Fraßgänge des Buchdruckers in der Rinde von Fichten. **2** Singdrosseln schlagen Schneckengehäuse an einem kleinen Stein auf (Schneckenschmiede). **3** Buntspechte klemmen Zapfen in ihre „Spechtschmieden". **4** Von Rötel- oder Waldmäusen angenagter Pilz. **5** Von Eichhörnchen benagte Fichtenzapfen. **6** An diesem Stamm hat ein Wildschwein seine Schwarte gewetzt. **7** Rindenverbiß durch Dam- oder Rotwild. **8** Hier hat ein Rehbock oder Hirsch den Bast von seinem Geweih gefegt.

Tierstimmen im Wald

Diese CD enthält die Stimmen von Tieren, die für den Wald typisch sind oder die man dort häufig hören kann.
Viele Tiere wechseln natürlich auf der Suche nach Nahrung, Verstecken oder Nistgelegenheiten zwischen verschiedenen Lebensräumen. Das gilt besonders für die Vögel. Viele Arten trifft man deshalb ebenso auf der Wiese wie im Wald oder in Siedlungen an.
Fledermäuse machen ihre Beute bei der Jagd durch Ultraschall-Laute ausfindig, die wir Menschen ohne technische Hilfsmittel nicht hören können. Um dennoch einen Eindruck von diesen für die Fledermäuse so wichtigen Ortungsrufen zu vermitteln, wurden die Laute in Tonfrequenzen übertragen, die für uns hörbar sind.

Säugetiere

1 Braunes Langohr – *Plecotus auritus*
Ortungsrufe (Ultraschall) im Flug

2 Bechsteinfledermaus – *Myotis bechsteini*
Ortungsrufe (Ultraschall) im Flug

3 Große Bartfledermaus – *Myotis brandti*
Ortungsrufe (Ultraschall) im Flug, Aufnahme mit verlangsamter Geschwindigkeit

4 Wasserfledermaus – *Myotis daubentoni*
Ortungsrufe (Ultraschall) im Flug

5 Fransenfledermaus – *Myotis nattereri*
Ortungsrufe (Ultraschall) im Flug

6 Rauhhautfledermaus – *Pipistrellus nathusii*
Ortungsrufe (Ultraschall) im Flug

7 Großer Abendsegler – *Nyctalus noctula*
Ortungsrufe (Ultraschall) im Flug

8 Kleiner Abendsegler – *Nyctalus leisleri*
Ortungsrufe (Ultraschall) im Flug

9 Dachs – *Meles meles*
Laute

10 Fuchs – *Vulpes vulpes*
Laute

11 Wildkatze – *Felis silvestris*
Laute

12 Eichhörnchen – *Sciurus vulgaris*
Warnrufe

13 Haselmaus – *Muscardinus avellanarius*
Laute

14 Siebenschläfer – *Glis glis*
Rufe bei Nacht

15 Wildschwein – *Sus scrofa*
Übliche Laute

16 Damhirsch – *Dama dama*
Nächtlicher Brunftruf des männlichen Tieres

17 Rothirsch – *Cervus elaphus*
Nächtliches Röhren des männlichen Tieres, im Hintergrund singender Waldkauz

18 Reh – *Capreolus capreolus*
Warnruf, bellende Laute, im Hintergrund singender Buchfink

Vögel

19 Schwarzstorch – *Ciconia nigra*
Balz eines Paares auf dem Nest

20 Sperber – *Accipiter nisus*
Warnrufe des Weibchens und fast flügges Junges, das im Nest um Futter bettelt

21 Habicht – *Accipiter gentilis*
Balz eines Paares am Nest, Rufe der Jungvögel

22 Wespenbussard – *Pernis apivorus*
Flugrufe

23 Auerhuhn – *Tetrao urogallus*
Rufe des Weibchens, Balz eines Männchens

24 Birkhuhn – *Tetrao tetrix*
Abflug, Rufe des Weibchens, Balz eines Männchens, dann zweier Männchen

25 Waldschnepfe – *Scolopax rusticola*
„Knurrender" Fluggesang zweier Männchen

26 Ringeltaube – *Columba palumbus*
Singendes Männchen

27 Hohltaube – *Columba oenas*
Singendes Männchen

28 Kuckuck – *Cuculus canorus*
Singendes und rufendes Männchen, trillerndes Weibchen

29 Waldohreule – *Asio otus*
Gesang des Männchens und des Weibchens, Flugbalz eines Paares mit Flügelschlag, verschiedene Rufe von Alt- und Jungvögeln, zischende Drohrufe und Knappen der Jungvögel im Nest

30 Uhu – *Bubo bubo*
Singendes Männchen, balzendes Paar, Rufe des Weibchens und der Jungen, zischende Drohrufe und Knappen der Jungen

31 Waldkauz – *Strix aluco*
Rufe und Gesang von Männchen, Weibchen und Jungen

32 Sperlingskauz – *Glaucidium passerinum*
Zwei singende Männchen, verschiedene Rufe

33 Rauhfußkauz – *Aegolius funereus*
Singendes Männchen, verschiedene Rufe, Junge im Nest

34 Ziegenmelker – *Caprimulgus europaeus*
Singendes Männchen, Rufe mit Flügelschlag, Flug-Warnruf, zischende Drohrufe der Jungen im Nest

35 Wendehals – *Jynx torquilla*
Singendes Männchen, dann sich antwortendes Paar

36 Schwarzspecht – *Dryocopus martius*
Trommeln, Balz und Flugrufe des Männchens, singendes Männchen

37 Grauspecht – *Picus canus*
Trommeln, singendes und rufendes Männchen

38 Grünspecht – *Picus viridis*
Flugrufe und Gesang eines Männchens

39 Kleinspecht – *Dendrocopos minor*
Trommeln, singendes Männchen

40 Mittelspecht – *Dendrocopos medius*
Rufe, balzendes Männchen, zwei Gesangsbeispiele des Männchens

41 Buntspecht – *Dendrocopos major*
Trommeln, Rufe eines Paares am Nest

42 Baumpieper – *Anthus trivialis*
Flug- und Warnrufe, singendes Männchen

43 Zaunkönig – *Troglodytes troglodytes*
Artrufe, Warnrufe, Gesang zweier Männchen

44 Heckenbraunelle – *Prunella modularis*
Artrufe, Warnrufe, Gesang dreier Männchen

45 Rotkehlchen – *Erithacus rubecula*
Warn- und andere Rufe, Gesang eines Männchens

46 Nachtigall – *Luscinia megarhynchos*
Warnrufe und Gesang eines Männchens

47 Amsel – *Turdus merula*
Verschiedene Rufe und Gesang eines Männchens

48 Wacholderdrossel – *Turdus pilaris*
Warnrufe, Gesang eines Männchens

49 Singdrossel – *Turdus philomelos*
Rufe, Warnrufe, Gesang eines Männchens

50 Misteldrossel – *Turdus viscivorus*
Warnrufe und Gesang zweier Männchen

51 Gelbspötter – *Hippolais icterina*
Gesang eines Männchens mit Nachahmungen

52 Gartengrasmücke – *Sylvia borin*
Warnrufe und Gesang eines Männchens

53 Klappergrasmücke – *Sylvia curruca*
Warnruf und Gesang eines Männchens

54 Mönchsgrasmücke – *Sylvia atricapilla*
Verschiedene Rufe und Warnrufe, Gesang zweier Männchen

55 Waldlaubsänger – *Phylloscopus sibilatrix*
Rufe und Gesang eines Männchens

56 Wintergoldhähnchen – *Regulus regulus*
Rufe und drei verschiedene Gesangsbeispiele

57 Sommergoldhähnchen – *Regulus ignicapillus*
Rufe und drei Gesangsbeispiele des Männchens

58 Trauerschnäpper – *Ficedula hypoleuca*
Warnrufe und Gesang eines Männchens

59 Haubenmeise – *Parus cristatus*
Rufe und Gesangsbeispiele des Männchens

60 Blaumeise – *Parus caeruleus*
Warn- und Flugrufe, verschiedene Gesangsbeispiele

61 Kohlmeise – *Parus major*
Verschiedene Rufe und Gesangsbeispiele

62 Tannenmeise – *Parus ater*
Rufe und Warnrufe, singendes Paar

63 Kleiber – *Sitta europaea*
Verschiedene Rufe und Warnrufe, Gesang von Männchen und Weibchen

64 Waldbaumläufer – *Certhia familiaris*
Rufe, Gesang eines Männchens

65 Gartenbaumläufer – *Certhia brachydactyla*
Rufe, singendes Männchen

66 Pirol – *Oriolus oriolus*
Warn- und andere Rufe, Gesang dreier Männchen, Jungvogel

67 Eichelhäher – *Garrulus glandarius*
Typische Rufe, verschiedene Imitationen, Gesang eines Männchens

68 Buchfink – *Fringilla coelebs*
Rufe, Warnrufe, verschiedene Gesangsbeispiele des Männchens

69 Kernbeißer – *Coccothraustes coccothraustes*
Singendes Männchen

70 Erlenzeisig – *Carduelis spinus*
Verschiedene Rufe, singendes Männchen, überwinternder Trupp

71 Gimpel – *Pyrrhula pyrrhula*
Rufe von Weibchen und Männchen, singendes Männchen

72 Fichtenkreuzschnabel – *Loxia curvirostra*
Verschiedene Rufe, Warnrufe und Gesangsbeispiele des Männchens

Amphibien

73 Gelbbauchunke – *Bombina variegata*
Einige rufende Männchen

74 Erdkröte – *Bufo bufo*
Rufendes Männchen

75 Laubfrosch – *Hyla arborea*
Einige rufende Männchen

76 Grasfrosch – *Rana temporaria*
Zwei rufende Männchen

77 Springfrosch – *Rana dalmatina*
Rufende Männchen

Insekten

78 Hornisse – *Vespa crabro*
Flügelgeräusch

79 Erdhummel – *Bombus terrestris*
Flügelgeräusch an Blüten

80 Honigbiene – *Apis mellifera*
Flügelgeräusch im Stock